中华中医昆仑

韦文贵学术评传

张镜源◎主编

中国盲文出版社

图书在版编目（CIP）数据

韦文贵学术评传（大字版）/ 张镜源主编．—北京：中国盲文出版社，2015.11
（中华中医昆仑）
ISBN 978-7-5002-6596-2

Ⅰ．①韦…　Ⅱ．①张…　Ⅲ．①韦文贵（1902～1980）—评传　Ⅳ．①K826.2

中国版本图书馆 CIP 数据核字（2015）第 282855 号

韦文贵学术评传

主　　编：张镜源
责任编辑：亢　淼
出版发行：中国盲文出版社
社　　址：北京市西城区太平街甲 6 号
邮政编码：100050
印　　刷：北京华联印刷有限公司
经　　销：新华书店
开　　本：700×1000　1/16
字　　数：42 千字
印　　张：6.75
版　　次：2015 年 12 月第 1 版　2015 年 12 月第 1 次印刷
书　　号：ISBN 978-7-5002-6596-2/K·357
定　　价：12.00 元
销售服务热线：（010）83190297　83190289　83190292

丛书编委会

前言

中医药是中华民族的伟大创造，是世界医学宝库中的夺目瑰宝，数千年来为中华民族的繁衍昌盛作出了巨大的不可磨灭的贡献，至今仍是中国医药卫生事业不可分割的重要组成部分，在维护民族体魄康健、促进经济社会发展中发挥着不可替代的作用。

中医药学，是中华传统文化和科技文明的结晶，是勤劳聪慧的中华儿女在几千年生产生活实践中，在与疾病作斗争的过程中，创造的独具特色的医学科学体系。它有着浓郁的民族特色、深厚的文化底蕴和丰富的哲学内涵。经过一代又一代中医药传人、一辈又一辈名医大家的实践探索、薪火传承、总结完善、创新发展，逐步形成了系统的理论体系、独特的诊疗方法、丰富的医学内容、实用的制药技术。具有疗效确切、用药安全、应诊灵活、普适简廉和预防保健作用显著的巨大优势，在世界医学之林独树一帜，为人类的文明进步与医疗保健事业，已经并正在作出积极的贡献。

为了弘扬中华民族传统文化，彰显中医药学家的丰功伟绩，当代中医药发展研究中心与中国文学艺术界联合会、国家中医药管理局新闻办公室、中华中医药学会、中国中医科学院、北京中医药大学、世界中医药学会联合会等精诚合作，在国家中医药管理局的支持和指导下，为中华近现代百年来贡献卓著、深受敬仰的150位中医药学家，编撰出版了这部大型传记丛书。丛书采用评传体裁，记载他们的生平事迹、医术专长、学术思想、传承教育、医风医德、养生之道和突出贡献，使这些宝贵的医学成就和精神财富发扬光大，千古流芳。

从书取名《中华中医昆仑》。昆仑山，被尊为“万山之祖”，柱西北而瞰东南，立中国而凭世界，凌驾乾坤，巍然屹立。以其高峻豪迈、绵延起伏的磅礴气势，寓意中华中医药学历史悠久、博大精深和永不衰竭；以其挺拔雄伟、高耸入云的恢弘气魄，彪炳一代中医药学家的丰功伟绩、杰出贡献和不朽勋业。

从书入选传主，从全国范围推荐遴选，遍及中医药界各个领域。有临床家、理论家、药学家、教育家、医史文献学家；有名师亲授、世医家教、学派传人、院校毕业和自学成才者；有师徒并驾、父子齐名和伉俪联袂者。他们学术造诣深厚、诊疗技术精湛、临床经验丰富、学科地位崇高、科研成果丰硕、医风医德高尚、国内外影响较大，从医学理论到临床实践，为中医药事业的传承和发展作出了突出贡献，是近现代百年来中华中医药界的杰出代表。

从书的出版，对于弘扬中华文化，振兴中医药事业，造就中医药人才，普及中医药知识，具有重要的现实意义和深远的历史意义。这是一项开创性工作，填补了我国为著名中医药学家大规模撰写传记的空白；也是一项抢救性工作，因入选传主已仙逝过半，许多亲历、亲见、亲闻的史料日见散逸，将之收集整理、编撰成书，功垂后世、利国利民；更是一项承前启后的工作，总结传主经验，传承中医药伟业，继往开来，光耀世界医学之林。这部医文结合，富蕴历史性、学术性、文学性和实用性的鸿篇巨制，对医疗、卫生、科研、教育及全球关注中华中医药文化的各界人士，都有重要的参考和阅读价值。

从书的编撰出版，是一项巨大的中医药文

化建设工程，在策划、撰写、编辑、出版过程中，自始至终得到了国家有关领导、政府部门及社会各界人士的关心和支持。国家中医药管理局高度重视，并组织专家对全书进行终审；数百名专家、学者亲临指导，参与规划；有关省、市、自治区卫生厅、局、中医局（处）给予大力帮助；传主及其亲属、弟子热情支持、密切配合；撰稿人深情满怀、辛勤笔耕；编审专家尽心竭力、精工细琢；关爱中医药事业的企业家热心公益、慷慨资助；全体工作人员不辞辛劳、无私奉献，这一切使丛书得以顺利出版。对此，我们深表谢意。

由于时间紧迫和资料搜集困难，加之水平有限，难免有疏误之处，敬请广大读者批评指正。

中华中医药学，历史悠久，源远流长，发端于远古，奔向于未来。百年对于历史，不过是短暂的瞬间；百人对于万众，不过是沧海一粟。然本丛书所记载的百年百人，则无疑是波澜壮阔的中医药发展史上辉煌的篇章和光芒闪烁的璀璨星辰。

张镜源

目录

医生要有医德，要用医家之心宽慰病人之忧急，以尽治病救人之责。

——韦文贵

韦文贵（1902—1980），字霭堂，浙江省东阳县人，当代著名中医临床家、理论家，尤精专眼科。早年在杭州行医，自建“复明眼科医院”，以祖传之“金针拨障术”使万千眼病患者重见光明。韦文贵医德高尚，医术精湛，儒雅博学，情系百姓，是一位成就卓著的中医眼科专家。

1949 年之后，社会稳定，国家昌盛，人民安居，使从苦难年代走来的韦文贵大受鼓舞。为了振兴中医，使祖传医术为人民服务，韦文贵于 1954 年带头献宝，将几代人秘传的“金针拨障术”和韦氏眼科秘方公之于世，毫无保留地献给了国家。此后，又组织各种参观和传习活动，将拨障术的原理和技法传授于同仁。从此，韦氏之术走出密室，成为国家和民族的财富。

1955 年 11 月，应卫生部邀请，53 岁的韦文贵结束了个人的行医生涯，携家眷一道进京，入驻新建的中医研究院（即今中国中医科学院）广安门医院，在外科研究所任眼科主任。从个体行医到为国家服务，韦文贵的杏林生涯开始了一个崭新的阶段——一个为临床、科研、教学而忙碌的阶段。从 1957 年起，韦文贵历任中华医学会眼科学会常务委员，《中华眼科杂志》常务编委和中国中医研究院学术委员会委员。1959 年晋升为研究员。同年在全国医药卫生技术革新交流大会上，韦文贵荣获了卫生部颁发的“技术革新先锋”金质奖章和奖状。这一年，他光荣地加入了中国共产党。韦文贵进京以后，一直担负着党和国家领导人的医疗保健工作。

韦文贵行医特别重视学习和继承工作。他认为，中华医学是在永不停息的学习和继承的循环中发展、进步起来的。前人的成就是后人举步的起点。韦文贵博览群书，不仅广泛阅读了历代中医药典籍，而且对中国的文、史、哲学也多有研究。他重视脏腑定位和五轮学说，崇尚脾胃学说和后天之本理论。他谦逊笃实，待人真诚，问病精细，断病准确，常以价廉之药治大病，深得百姓信赖和赞许。他金针拨障几十年，其艺神速无误，更是独树一帜。

韦文贵一贯尊重西医学术，他强调说，中医要发展，必须学习现代医学理论和西医诊病治病的先进技术。他认为，在世界医学领域，中西医并存是中国医药卫生事业的特色，把二者结合起来，创造新的医学模式，必将是对人类医药卫生事业的一大贡献。

韦文贵非常重视人才的培养。他不以个人医术的精湛为荣，而是把培养后学看得高于一切。他常说，医术的成就不能只看今天，更要想到未来的发展和进步，要把培养接班人的工作放在重要位置。几十年来，不论是课堂教学、临床带徒，还是座谈会，做报告，韦文贵都是满腔真情，谆谆训勉。他培养的研究生、进修生和西学中医师，今天大多数已经成了中医眼科界的名师、专家和各级医药卫生部门的领导。

韦文贵是一位眼科大家。他留给后人的不只是盲人眼前的光明，更有许多驱眼疾、塑光明的著作。这些著作，或韦文贵亲笔，或由子女和学生代笔，洋洋洒洒百万余言，都是韦文贵献给中华医学的瑰宝。其主要著作有《韦文贵眼科临床经验选》、《前房积脓性角膜溃疡的中医治疗》、《中医治疗视神经萎缩证简介》、《中医治疗沙眼的经验介绍》、《金针拨白内障简介》及《医话医论荟要·韦文贵医话》等。

秉承家学　弘扬金针拨障术

韦文贵出生于中医世家。祖父韦德生、父亲韦尚林都是江南名医。其父韦尚林曾侍医于清宫贵胄，是位御医，善治眼疾，尤以“金针拨障术”之精巧神奇为世所崇。辛亥革命后，回杭州悬壶，于中山路 67 号开设“文明眼科医局”。“金针拨障术”是中医治疗白内障的一种手术。顾名思义，只需金针一枚便可巧妙地拨去遮挡瞳孔的白色云翳，而使患者复明。韦尚林学识渊博，医术精湛，金针拨障更是手到病除，灵巧绝伦。因曾是御医，故而以“御医韦尚林”之名享誉大江南北。韦尚林有子三人，即文达、文轩、文贵，文贵最幼。三人自幼随父习医，均擅眼科，尤以韦文贵最负盛名。

韦文贵幼年在家乡东阳县白火墙村的私塾读书。12岁被父亲接往杭州上学。16岁起随父习医。白天在父亲左右侍诊，听父亲说病、配方，代父亲写病历、抄处方，以及迎送患者；夜晚在灯下读书，从启蒙读物《医学三字经》、《药性赋》，直至《黄帝内经》、《伤寒论》等历代医家经典都必求熟读成诵，撮其精要，融会贯通。韦文贵幼读国文，有着良好的文言文基础，所以从不把读书当作苦事。他酷爱读书，常常读到深夜。凡内、外、妇、儿各科方书专著，无所不读，尤其是有关眼科的专著则必须精读，重点章节定要背诵如流。

韦文贵回忆说："当年家父不但在读书方面对我们兄弟要求严格，不容苟且。在侍诊和学习拨障术方面更是严而又严，一丝不苟。"患者来初诊，必须记住姓名、年龄、病情和用药等情况。复诊时，不待病人开口，就要主动将姓名、年龄、病情和初诊用药诸项叙述无误。这是医生的一项基本功，也是抚慰病人心理的一种方法。因为患者心悦气顺对治病是大有好处的。在学习调剂配方、炮制成药和外用眼药时，韦尚林对儿子要求更严，需遵从古制的必须依祖训炮制，丝毫不得走样。若是自制成药，尤其是配制眼药，韦文贵必须在熟记药物配方、制作程序、操作手法，以及适应病证、用药方法和疗效之后，父亲才让他参与操作。有些药，如外用眼药，必须自己试用后，才能用于患者。

至于拨障术，其训练更为认真。第一步，必须从理论上熟练掌握眼球的构造和白内障的病机病理，必须了解白内障针拨手术的过程和操作手法。第二步，见习观察。韦尚林每做手术，儿子必须伫立一旁，静静地观察手术过程，并默记于心。第三步，在用布做成的眼球模型上练习各种针法。韦文贵是一个做事认真并力求完美的人。他每天不分晨昏，一有空闲便在他的小屋里扎挑眼球模型。扎坏的布制模型不计其数。第四步，用猪、羊眼睛做针拨实验。为了做这种模拟手术，韦文贵不知买了多少猪头、羊头。第五步，实际操作。经过长时间的观察见习和模拟训练，韦文贵可以独立做手术了。患者是一位六旬老翁，白内障致盲已经8年之久。征得患者同意，韦文贵亲自持针，干脆利落、准确无误地拨下了翳障，使老人家重见光明。

1922年，其兄韦文轩开始独立行医，在杭州里仁坊自设“文明眼科医局”。1924年起，韦文贵也独立挂牌应诊。父亲特地送他一枚赤金拨障针，并语重心长地嘱咐他，要多读书，慎用针，勿逐名利，善待病人，做一个术业求精的好医生。韦文贵独立行医后，先开设眼科门诊，后改称“复明眼科医院”。医院还设有简单病床，供远道而来的患者住宿。抗日战争爆发、杭州沦陷后，他举家回东阳故里，租房设帐继续行医。

韦氏“金针拨障术”到韦文贵兄弟已经是第三代了。在西医白内障手术兴起之前，“金针拨障术”是使白内障病人复明的唯一方法，所以韦氏医术备受时人尊崇。关于“金针拨障术”，韦文贵说，它并非韦家独专，其实古已有之。韦氏之术是从中华民族的医学宝库中继承和发展起来的。据史书记载，早在南北朝时期就已有此术。《梁书·鄱阳王恢传》云：“后有眼疾，久废视瞻。有北渡道人慧龙下针，豁然开朗。”《涅槃经》中也说：“有人诣良医。医者以金篦刮其眼膜，使复明。”这些记载不但说明白内障病古已有之，而且还有剥膜复明的医术。金篦亦称金錍、金筹，即金针。这种“金针拨障术”古代诗文中也有记载。杜甫诗有“金篦刮眼膜”句，刘禹锡《赠眼医婆罗门僧》中描述得更形象：“三秋伤望眼，终日哭途穷。两目今先暗，中年似老翁。看朱渐成碧，羞日不禁风。师有金篦术，如何为发蒙。”韦文贵说，刘禹锡所患眼疾肯定是白内障。诗中所提的医僧便是掌握金篦拨障术的医生。针拨术经过历代医家实践，其方法渐趋完善。古人已总结出八法，即审机、点睛、射复、探骊、扰海、卷帘、圆镜、完璧。明代傅仁宇《审视瑶函》在“拨内障手法”中提出：“凡拨眼要知八法，六法易传，惟二法巧妙，在于医者手眼、心眼。”可见，金针拨障是手、眼、心高度协调的高难度技术。也许正是因为这种手术难度大、风险大，历史上掌握和传承此艺的医生并不多见。

韦文贵兄弟博览历代医籍，总结拨障术发展的历史经验，在父亲韦尚林的指导下，掌握了这一精细绝技。这不仅使韦氏医术有了传人，而且也使金针拨障之术得以弘扬。可以说，这是中国医学史上的一件幸事。

抗日战争胜利后，韦文轩、韦文贵兄弟重返杭州。韦文轩恢复医局，更名为“老文明眼科医局”。韦文贵则恢复“复明眼科医院”，并增数间病房。开业时，兄弟二人共同登报通告：“凡远道来杭就诊者，一宿两餐不取分文。”消息传出，远近的白内障患者纷纷上门求诊。在医院病房里食宿的病人长年不绝。

韦文贵兄弟医术高明，且以仁爱之心待人。从行医之日起拨障手术做了无数，绝大多数获得满意疗效，其人品、医术备受百姓赞扬。1956 年，韦文轩荣任浙江省中医药研究所眼科主任。1962 年，韦文轩被浙江省卫生厅评为首批“浙江省十大名医”之一。韦文轩从医 50 余年，在“金针拨障术”方面取得了不凡的成就。他自编的《眼科金针诀》深入浅出，简明适用，是留给后学者的一份珍贵遗产。韦文轩是 20 世纪中国中医眼科医学贡献卓著的专家。

韦文贵与兄长韦文轩一样，以“金针拨障术”的精巧迅捷、疗效满意博得病家的叹服和信赖。他的“一宿两餐”的待遇，使许多贫苦患者前来就诊，而且都重见了光明。韦文贵不但医术精准无误，收费低廉，而且待人态度真诚热情，无论贫富妍媸，一视同仁。对于贫寒孤寡之病人，常常是免费手术，免费施药。所以，韦文贵和他的“复明眼科医院”妇孺皆知，远近闻名。

金针拨障不是任何白内障都可施行的手术，手术与眼压有着密切的关系。在20世纪中期，中医眼科还没有测量眼压高低的仪器。韦文贵只能凭借经验和指压判断。在实践中，他总结出白内障眼球的三种症状，分别称作铜珠、铁珠和豆腐珠。“铜珠”是手术适应证，而“铁珠”和“豆腐珠”则不能做针拨术。“铜珠”是指正常眼压的老年性白内障。“铁珠”是指继发性青光眼所致的并发性白内障。“豆腐珠”是指眼内炎症后或陈旧性色素膜炎的并发白内障，眼球已经萎缩，无法针拨。至于进针的部位和方法，韦文贵说，必须从风轮外眦相半正中刺入，手术时强调精力集中，慎用浮劲，切忌粗暴猛进。其用针必须“三慢”，即进针要慢、转弯要慢、拨障要慢。

在术后护理方面，韦文贵总结出四点经验：

（一）手术后要慢慢步行回房，取半卧位休息，以帮助脱位之晶状体固定于颞下方。单眼手术者，健眼亦须遮盖，以免眼球转动，影响晶体固定。两天内必须有人照顾，第三天即可去掉眼垫，饮食、二便均可自理。但要避免低头弯腰，以免拨下的晶状体再度浮起，遮盖瞳孔，影响视力和视界。3～5天即可出院，一月内避免剧烈活动和重体力劳动以及低头动作。

（二）不能吸烟，避免咳嗽，防止头部震动，不要大声说笑。手术后三天内，创口会因气血流畅而发痒，切忌用手揉眼，防止感染。

（三）手术前后若精神紧张，肝气犯胃，胃失和降，呃逆呕吐，胸膈苦满，不思饮食，则急宜疏肝和胃止呕，否则晶状体容易浮起。若遇此状，可用和胃止呕汤治之（柴胡、厚朴、黄芩、姜半夏、淡豆豉）。

（四）针拨白内障前房出血合并头痛者，首先是保持半卧位，以减少并发症。然后用养阴清热明目方调理（熟地、生地、当归身、熟川军、羌活、黄芩、木通、防风、玄参、木贼草、谷精草、炙甘草）。韦文贵认为，熟地滋阴填精，阴虚而刚者，以熟地之甘足以缓之；生地和玄参滋阴清热，凉血止血；川军破瘀泻火。以上四味为主药。木通、黄芩泻心肝之火而清胃热，以助川军之力。针拨术后，风邪乘虚而入，用羌活、防风可散头面之风邪而止痛；木贼草、谷精草祛风清肝，退翳明目；当归身有养血补虚、润燥通便之功，用以扶正；甘草调和诸药而补中。

韦文贵调入中医研究院（今中国中医科学院）广安门医院后，通过培训和带徒弟等各种渠道将“金针拨障术”广泛地传授于医务同仁和青年后学，使“金针拨障术”在新时代得以弘扬。著名中医眼科专家、原中国中医研究院副院长、国医大师唐由之在全面继承、反复研究“金针拨障术”的基础上，从手术所用器械、术中各个环节、术前术后处治等多方面进行了改进，使该手术更具科学性、安全性。该手术在20世纪60年代初迅速在全国推广，使万千白内障失明患者复明。唐由之还先后为毛泽东主席、朝鲜金日成主席、柬埔寨宾努亲王及多位中央领导人做了针拨白内障手术，均取得满意疗效。

“金针拨障术”是中医学宝库中的一朵奇葩。在白内障西医手术兴起之前，“针拨术”是使白内障患者复明的重要医疗技术。中国的“金针拨障术”是对世界眼科医学的一大贡献。

博采古今　论证悉从整体观

韦文贵常说，人间百艺都是在一代一代人的传承中延续和发展起来的。其传承的方式主要有两种：一是人与人、长与幼之间的口耳相授，言传身教；二是读书，从书籍中汲取前人的经验、学识和技艺。中医犹然。师徒传承，博览群书，勤求古训，发展自我已是一代代医家的共识。但是韦文贵也常告诫他的学生和后人，尊古学古，不是迷古。那种执一不变，食古不化，躺在古书上行医的方法是不可取的。那种只知其表，不识其里，只看现象，不究本质，眼痛医眼，牙疼拔牙的医生是为现代社会所不齿的。专科医生的“专”是在广博的基础上提炼出来的，不以“博”为基础是绝对“专”不起来的。

韦文贵认为，眼科诸病，虽然疾患表现于目，但其根本是因全身脏腑经络气血失调所致。治眼病断不可对全身情况置于不顾而单纯治眼。识别和诊断眼病，不能单以两眼的局部症状为依据，必须结合全身症状表现，综合分析，整体考察，审证求因，溯本追源，运用辨证之法，抓住事物的本质，才能施治无误。

人体是一个有机统一的整体。各脏腑之间有着相互依存、相互制约的关系。在正常状态下，以气血运动的形式维持着彼此的联系。《灵枢·大惑论》中说：“五脏六腑之精气皆上注于目而为之精。”可见眼睛之所以能视万物、观五色，全赖五脏六腑之精气上行以灌输营养。《灵枢·口问》又说：“目者，宗脉之所聚也。”在人体十二经脉中有八条经脉的运行与眼睛有着直接或间接的关系。既然眼睛的功能是靠身体的气血津液循经络转输来维持的，那么，脏腑经络的病变也必然会影响双眼。由此可见，眼疾往往是脏腑经络病变的外在反映。

1956 年 8 月，有一位 18 岁的男患者侯某前来求诊。自诉：从 1954 年 2 月起发现双眼视力减退，曾在北京某医院治疗无效，视力日渐衰退，特来向韦文贵大夫求诊。经检查：双眼视力均为 0.01，近视力耶格表为 7。双眼周边视野正常。双眼视神经乳头颞侧色泽苍白，动脉较细。黄斑中心凹反射弱。脉弦细，舌质红，苔微黄。韦文贵断为阴虚肝旺，肝阳上扰清窍。当以滋阴益肾、平肝明目、适加活血行瘀之品治之。

处方：熟地黄 25g，女贞子 10g，五味子 5g，草决明（先煎）25g，滁菊 6g，蒺藜 10g，桑叶 5g，茯苓 10g，川芎 5g，茺蔚子 10g，怀山药 10g。隔日 1 剂，水煎服。服 90 剂后，复诊。

复诊时患者云：双眼视力已有进步。查双眼视力均为0.2，双眼近视力耶格表为4。脉弦细，症见气短神疲纳差。仍用滋补肝肾法治之。

处方：六味地黄汤加减。熟地黄25g，怀山药10g，牡丹皮6g，茯苓10g，山茱萸6g，五味子6g，黄芪6g，党参15g，天冬6g，炒神曲12g，全当归10g，苍术6g。14剂，每日1剂，水煎服。另，黄连羊肝丸每日服10g。

上方服30剂后，患者视力明显进步，可看书报。但觉视力疲劳。继续服药。至1957年6月，右眼视力增至1.2，左眼为0.4。患者要求继续服药。

韦文贵再诊，脉弦细，舌淡红，证属玄府郁滞未解。治宜疏肝解郁，辅以养肝益气，滋补肝肾。

处方：柴胡6g，当归10g，炒白芍10g，焦白术10g，茯苓10g，炙甘草5g，制首乌25g，党参12g，麦冬10g，五味子3g。10剂，水煎服。另，犀角地黄丸（犀角现已代用）90g，服完为止。

经过一年的服药调养，患者右眼视力从0.01升到1.5；左眼视力从0.01升到1.0。双眼近视力耶格表为1，中心视野暗点消失。病人欢愉，阖家大喜，特来医院致谢。

韦文贵对侍诊的医生说，侯某之病为视神经萎缩症。这种萎缩症是视神经纤维在各种病因作用下发生的退行性变性和传导功能障碍所致，可导致视力下降和失明。中医文献中，虽然没有对眼底视神经病变作过什么描述，但对这种病症已有相当认识。《审视瑶函·青盲症》中就说："目内外并无障翳气色等病，只自不见者，是乃玄府幽深之源郁遏，不得发此灵明耳。"《证治准绳·视瞻有色证》中还说："若视有大黑片者，肾之元气大伤，胆乏所养，不久盲矣。"韦文贵指出，这种病的治疗原则应是滋补肝肾，益气升阳，疏肝解郁，养血活血。目为肝窍，瞳神属肾，凡是瞳神内部的慢性眼底疾患，应多以补益肝肾为主。药以杞菊地黄汤或明目地黄汤为基础，随症加减。又因脾为后天之本，生化之源，所以在治疗中又要重视保护和调理脾胃。

韦文贵在辨证眼病时不但重视脏腑定位，而且尊重五轮学说。眼病多为脏腑病变、气血失调、经络阻滞、阴阳失调、外邪侵袭等因所致。其中脏腑病变是病因病机的关键。只有找出脏腑失调的症结，整体辨析，才能从根本上治疗眼疾。所以临证中必须根据眼的局部症状，结合全身状况和个人病史，甚或家族病史，审证求因，定位于脏腑，定性于寒热虚实，才能做到“治病求本”。

中医眼科的五轮学说认为，角膜、虹膜为黑睛，属风轮，在脏属肝，肝胆相表里，故黑睛病变多与肝胆有关；球结膜及巩膜的前部为白睛，属气轮，在脏属肺，肺与大肠相表里，故白睛病变多与肺、大肠有关；上下眼睑、睑结膜、睑板腺、轮匝肌等为胞睑，属肉轮，在脏属脾，脾胃相表里，故胞睑疾患多与脾、胃有关；内外眦及附近结膜和巩膜浅层血管、泪器等为血轮，在脏属心，心与小肠相表里，故血轮病变多与心、小肠有关；瞳孔、晶状体、玻璃体、视网膜等属瞳神，为水轮，在脏属肾，肾与膀胱相表里，故瞳神疾患多与肾、膀胱有关。

韦文贵认为，“尽管五轮学说对于眼病的脏腑定位给人们提示了一个普遍规律，说明了眼与脏腑的密切联系，在很多情况下能解释眼的生理病理现象，对临床有一定指导意义，但应用时不能拘泥于五轮。”他主张“在临床中对眼病的脏腑定位应尊重五轮学说，但不可执一不变，墨守成规”。因为千变万化的临床现象既包括了普遍规律，又有特殊规律的存在。例如“角膜翳”的病变部位在黑睛，属风轮病变，按五轮学说应当定位于肝，但症见视物疲劳、眼睫无力、肢体疲倦、不思饮食、便溏、脉细无力等现象，这是脾胃虚弱、中气不足之过，当以益气、健脾、和胃之法为治。

又如中心性浆液性视网膜脉络膜病变，病变部位主要在黄斑区。黄斑位于瞳神内，从内而蔽，外不见症，属“内障”范畴，病在水轮。但若症见病程已久，视物模糊，视惑，视力迟迟不恢复，眼底黄斑水肿，渗出明显，全身兼见神疲气短，少言懒动，或纳少便溏，头痛绵绵，面色萎黄或稍有浮肿，舌淡胖，边有齿痕，脉沉细或虚大无力等症状时，韦文贵则按脾虚气弱论治，而不拘于“水轮属肾”之说。

韦文贵在临证中对眼病的脏腑定位、审证求因，是根据眼部的症状，结合全身情况及现代医疗器械的检查结果，灵活地运用五轮学说。具体问题具体分析，通过综合分析，而后才定位于某脏某腑。这种辨证方法切合病情实际，条理清楚，重点突出，还给确定治疗大法提供了有力的依据。

尊重古人，博采历代医家精华，充实自我，探求新知是韦文贵成功的重要途径。他认为，自己在医术上的进步都是在前辈的基础上发展取得的。无古则无今，没有前贤的成就，便没有今天的辉煌。前人的那么多典籍论著是储宝的锦囊，是取之不尽的。但韦文贵也指出，只知古人和继承古人之术是不够的。“江山代有才人出”，在当代的众家中，“才人”也比比皆是。在博采百家、勤求古训的同时，绝不可忘记博采当今医家之精华。韦文贵认为，向今人学习、向身边的同仁们取经也是自我提高的重要途径。

中国中医研究院是名老中医荟萃的地方。这里的每位专家都有着丰富的临床经验和医术特长。在研究院工作的25年里，韦文贵常常主动上门向各科医师请教，吸取各科医家之长来丰富自己。中医学家蒲辅周，中医教育家、理论家沈仲圭，皮科专家朱仁康和脑病专家赵金铎等都是韦文贵的同道诤友。他们只要相聚相遇，就是论病说药谈心得。韦文贵的观点是：远学古人，近学同仁，怀揣利器，总有用得着的时候。

20 世纪 60 年代，中央某部一位领导患眼底病日久，请韦文贵出诊。在治眼病的同时，该领导提出能不能给他治一治皮肤瘙痒的老毛病。韦文贵欣然允诺。在四诊辨证后，韦文贵开出了仅有 9 味药的处方，共 7 剂，每剂只要五角六分钱，7 剂共三元九角二分钱。该领导怀疑地笑着说："就这不到四块钱的药，能治好我多年的老毛病吗？"韦文贵说，药用对症，不在贵贱。还嘱咐患者，两病在身切勿烦躁，要泰然处之才是。结果患者服药 7 剂后，瘙痒之症减轻了。服药两月，在眼病康复的同时，瘙痒症也奇迹般地治愈了。患者大喜，专程送锦旗致谢。当侍诊的弟子们请教这次用药的经验时，韦文贵说："治好该同志的眼病是我的方药，而皮肤瘙痒症则是借用皮科专家朱仁康先生的处方。"

有一年，韦文贵在杭州海军疗养院疗养期间结识了邮电部部长的夫人。在聊天中得知，该同志在1948年以前曾与部长以"夫妻"名义在"白区"从事地下工作，在那艰苦而又危险的岁月里，他们常常是居无定所，食无定时，担惊受怕，精神紧张。结果她患上了失眠惊梦、夜寐遗尿的毛病。拖拖拉拉治了20多年，噩梦虽减，但遗尿之症如常。韦文贵听后，既钦佩又同情，告诉她，夜间遗尿、小便不能控制是常见病，不必紧张。这种病主要是由于膀胱约束力不强所致，多属肾虚。因肾与膀胱相表里，肾脏虚损则不能制水。欲治此病必须以补肾固摄为先。由于长期从事地下工作，喜怒悲恐七情不能正常宣泄于外，便又造成肝脏积郁而心火压抑于内，进而造成遗尿惊梦之后患。韦文贵为患者制订了以疏理肝气、清心安神、固肾缩尿为原则的治疗方案。经过一个多月的调理治疗，该同志的遗尿症完全治愈，夜眠也不再惊梦了。

韦文贵常说：事物的特殊性是寓于其普遍性之中的。不研究，不掌握事物的普遍性规律，是提炼不出也发现不了其特殊性的。医生看病也不例外。没有对人体及其疾病的整体和普遍的研究，是不可能成为一个好的专科医生的。所谓博采百家，不但要博采古今百家之精华，而且还应该博采其他各科之术。他谦虚好学，勤于与不同学科的同仁切磋交流，善于吸纳他人经验和新事物，故而能临证不慌，断病精准，用药如神，祛疾势如破竹。

知常达变　脾胃学说有新论

在韦文贵的眼病理论中，“风”、“火”之说、脾胃之论占有十分重要的地位。他认为，对于外障眼疾而言，究其病因，多以“风”、“火”为主。“风”为阳邪，是百病之长，巅顶之会，风邪所致，上先受之。所以风邪常为外眼疾患之先导。韦文贵认为，眼病初起，不分内外，总有风邪作祟。目为肝窍，常先受之。故治应祛风散邪，究病之归属，防其传变。平时用药按病审因，选药入方。荆芥、防风，发散风邪不伤阴分，荆芥又散血分之热；对泪多眵少、抱轮红赤者，首选蝉蜕、菊花疏散风热；羌活、白芷祛风胜湿，疗目赤肿痛。韦文贵认为，内障初起，风邪亦为先导，故无论因热、因火，或气机郁滞、肝肾亏损等病，均应加入疏散宣导药。如瘀血灌睛方治血灌瞳仁，方中有荆芥、白芷；又如坠血明目饮中有蒺藜、防风、细辛。投以此类方药治疗初发玻璃体积血常常奏效。

对于风药之效，韦文贵认为作用有三：其一，“肾肝之病同一治，非风药引至不可也”。其意为补中有疏通宣导，舟楫之用，载阴精而达脏腑。其二，同时配苦寒之剂以升降并行，起相反相成、相互制约作用。如消炎退障方中大黄、黄芩、枳壳合薄荷、牛蒡、白芷。其三，如风药配以甘温之剂，有升提之功，合东垣之意。

韦文贵认为，“火”有虚实之分。六淫时邪，疠气时疫，侵犯肌表，经卫、气、营、血而入里可以化火。内伤七情，气郁化火，阴虚血少，肾阴不足，相火偏炽为虚火。外风易引内风，虚火易招风邪。目病多火，目为火之门户，目不因火则不病。故临床常以犀黄散清热镇痛，退赤消肿。在凝脂翳医案中，泻火解毒方用硝黄导热下行，再加祛风清热、退翳明目之品。对偏头痛、大小雷头风则以风火痰湿论治。本虚标实，病发急骤者，初以龙胆泻肝汤加硝、黄，继则阴虚不足，肝肾阴亏，常用青光眼三方清肝泻肝，疏风止痛。方中用黄芩、生地黄、石决明、羌活、防风、白芷。因感受时邪、疫疠之气而患小儿青盲症者，他认为是风邪余热未清，热留经络，脉络壅遏，以钩藤息风饮清热养阴，平肝息风。这些均为“风”、“火”之辩证关系。

对于火热之邪充斥内外所致的外眼病，因其发病急、来势猛、变化快，韦文贵认为，若单纯用清热解毒或清热祛风法治之，则如杯水车薪，扬汤止沸，药不胜病。唯用釜底抽薪之法，方能使火灭风息，病机转化。但应用时必须注意“适可而止”的原则，即所谓“大毒治病，衰其半而已”。用此法为先导，中病即止，继而酌情调改治法，以缓剂图功。

曾有一位六旬老妇，患黄液上冲症，风轮内黄色脓液已掩及瞳仁，黄仁和风轮上之凝脂白翳粘连在一起，瞳仁偏向一侧，兼见抱轮红赤，头目剧烈疼痛难忍，叫苦不迭。韦文贵对她说：“视力已经不能恢复，但红赤疼痛可除。”随即投以前述之眼珠灌脓方 5 剂，其中大黄用至 21g。当时有医生在侧，吃惊道：“患者年纪高迈，服如此峻下之剂岂不有虚脱之虞?”韦文贵答曰：“经有‘有故无殒，亦无殒也’之说。此人年纪虽高，但体质壮实，服之无碍。且如此毒热壅盛之候，不峻下何以折其嚣张之势?”患者依言服之，药后仅拉稀屎数次，并无大泻，而头目疼痛大减。连服 5 剂之后，风轮后脓液竟获全消，疼痛及抱轮红赤诸症均消失。又处以清热养阴之剂以善其后。病家大悦，频频致谢。

应当注意的是，上述峻下之剂只可暂服，不可久用，以免损伤脾胃，使正气耗损而病势缠绵。万一有服上述泻剂而泻下过多者，可饮冷开水一碗，泻可立止，不必惧怕。韦文贵说，治病贵在随证变通，不可偏执一端。

对于起病较缓的内障眼病，韦文贵认为多是肝肾不足所致。《银海精微·序》中所说“肝肾之气充，则精采光明；肝肾之气乏，则昏蒙眩晕”，就是指内障而言。韦文贵治疗内障眼病，首重肝肾二脏之症状。通过辨证，定为肝肾不足者以补肝肾之法为治，自不必论，即使属其他证型者，往往也在处方中加用枸杞子、女贞子、生熟地黄等养血填精、固本培元之品。他认为，补益肝肾既可以使精血充沛，上荣于眼，起到直接治疗内眼病的作用；又可以通过补益正气，调动机体的能动性，达到扶正祛邪的治疗目的，对于缩短疗程，提高疗效极为有利。但需注意，凡有实邪者，如血溢络外、瘀血滞留、气机阻滞、痰湿不化等，均不宜早补或单纯补，以免滞腻敛邪。脾胃虚弱，纳谷不佳，当佐以理气健胃消食之品。

韦文贵治疗外眼和内眼病的这些常法，是普遍规律。他常说："治疗眼疾，必须有常有变，知常才能达变。"也就是说，不能对所有的外眼病均治以祛邪之法，也不能对所有的内眼病均治以补肝肾之术。如对外障眼病的凝脂翳（角膜溃疡），若久病不愈，全身兼见阴虚火旺证候者，虽为外障眼病，但应以补益肝肾、滋阴降火为治。又如内障眼病中的视网膜静脉周围炎性眼底出血，属久瘀不化者，视神经炎属肝火夹痰者，视神经萎缩属肝经风热、肝气郁结者，均应以祛邪为治，切不可拘泥于内眼病仅以补肝肾为治。临床中应以"证"为依据，其治则、治法、治方，既要掌握普遍规律，又要随时不忘具体问题具体分析。这样才能做到

“知常而达变”。

韦文贵遵从李东垣脾胃学说，在眼科内服用药时特别注意顾护脾胃。他常常告诫后学说：“药石易伤胃气，小儿尤当注意，无胃纳脾输，药物之所治亦成空话。”认为脾胃为后天之本，主生育营卫，生津调布，一有所病，则九窍不利。中气一旺，百病可减，脾气一虚，清阳不升，目窍闭塞。脾胃虚，则百脉不充，目无所养。

韦文贵临证善理脾胃，强调食不可太精，偏食尤为所忌。临证用药，中病即止。用承气汤时常嘱病人多喝稀粥，儿童用药时常选木香、山楂、炒谷芽、炒麦芽，推重七味白术散。虽然平时善用六味地黄汤化裁治内障诸病，但常使用畅通脾胃之品防滞防腻，避免损伤脾胃。

韦文贵在辨证时多以脾胃功能情况作为拟定治法的参考。属脾胃失常的患者，则调治脾胃无疑。有一些眼病，虽其病机主要矛盾不在脾胃，但在治疗过程中，根据不同情况也辅以调理脾胃。因为脾胃之气旺，气血充盛，升降有序，脏腑和谐，有利于眼病的恢复。他常强调：病久而长服中药者，药性的寒热温凉走窜以及滋腻之偏难免损及脾胃，故治慢性眼病不知顾及脾胃者，是治之失着。他调理脾胃的形式多种多样，以治中土为主者，有补脾健胃、益气升阳、温中健脾、利湿化痰、补脾摄血等多种治法，酌情选择；属兼顾中土者，或将调脾胃之品佐于组方之中，或另开丸药辅佐汤剂，或分阶段暂停用他药而专事调理脾胃于一时，或病后收功等等，专门调理脾胃，以巩固疗效。

韦文贵认为，扶胃气首先要考虑病人的运化能力及饮食喜恶，切忌蛮补。临证时对于药物的用量一般不予过重。他常说：吃药亦如吃饭，消化不良的人进食过饱则伤胃，而若遇脾胃虚弱之人，投重剂补药，因消化无力，徒伤脾胃，反致病情加重。所以调理脾胃，须用轻剂助脾醒胃，增进饮食，使饮食有思，运化有权，用药方能见效。

在补肝肾或补心肺时，韦文贵也特别注意脾胃的强弱，不过用甘寒黏滞之品，以免碍胃。他常提醒学生在配伍时要注意醒脾胃、疏气血之药，使胃纳增加。脾胃之生气健旺，运化有力，方能滋养肺阴，并能使心、肝、肾精血充足。若不顾病人的运化能力，一味蛮补，反而损伤脾胃。即使在病之后期，当余邪未尽之时，误补也易使病邪稽留，造成病势缠绵。此时倒不如以米麦之属代替补药，使正气恢复，病邪可望自退。

对于有些慢性病如青盲之类，需要长期服药才能收效。但服药日久，常常损伤脾胃之气，引起食欲不振、痞塞满闷等症，甚至出现呕吐不能纳谷等现象。此时应停攻病之药石，进以养病之饮食，以养脾胃之气。遇久病服药者，常用轻剂，并嘱其隔日一剂，以免伤胃。治至将愈，也常嘱患者停药，靠饮食调理以收功。总之，重视后天之本，并采取多种形式调理脾胃，以适应病情，这是韦文贵在治法上的一大特点。韦文贵善于使用时方，著名的补中益气汤就是他在临床上经常使用且每获良效的方剂。

1955年，韦文贵到北京某医院会诊。患者由西藏自治区转来，是全国群英会的西藏代表，素有“雪山英雄”的称号。在赴京开会前夕，因施工中雷管爆炸，致使面部及双眼严重外伤，遂转来北京某医院住院治疗。为抢救患者双眼，使其重见光明，有关方面召集所有在京的著名中西医眼科专家会诊，共同研究施治。在讨论中，西医眼科专家认为必须尽快手术治疗，才能保住双眼。但因外伤造成房水外流，眼压太低，不能施行手术。所以治疗关键在于迅速提高眼压，创造手术条件。但是对如何提高眼压，众医者沉默寡言。西医用西药可以很好地降低眼压，但对于如何提高眼压却殊少良策。此时，韦文贵建言：可服中药提高眼压。众人闻言，惊、喜、忧、疑，表情不一。于是公推韦文贵把脉施治。病人身材魁伟，体质中等，因外伤出血面色略显苍白，且神疲气弱。其双目黑睛受损，神水外溢，伤口业已封闭，目珠内陷，眼胞按之软而少抗力。脉虚大少力，舌淡，边有齿痕，苔薄白。病属中气不足、目珠下陷之症。韦文贵拟以补益中气、提举清阳之法提升眼压。

处方：炙黄芪 15g，炒白术 10g，野山参 6g，陈皮 6g，升麻 6g，醋柴胡 6g，炙甘草 10g，当归身 12g，水煎服。服 14 剂后患者眼压升至 5.5/5＝17.30mmHg，全身情况好转。由于具备了手术条件，经及时手术治疗，双眼视力均恢复到 0.8 以上。英雄得救，皆大欢喜。

补中益气汤在内科临床适用于胃下垂、脘腹痞满、身倦肢乏、消瘦，以及胃气虚、中气下陷所致诸症。眼科病症中眼压低而目珠内陷为虚弱不足之证。房水与玻璃体禀受于先天，而依赖后天的濡养和补充。《灵枢·口问》中说："目者，宗脉之所聚也，上液之道也……液者，所以灌精濡空窍者也。"这里所说的"血气"和"液"与眼睛的泪水和房水以及玻璃体的形成都有一定的关系。五脏六腑之精皆上注于目，脏腑之气又以脾胃中气为物质基础。"脾运化水谷精微，为气血生化之源；脾气统血，循行目络，脾虚则气血生化乏源。眼内循环的液体包括血液、房水和玻璃体等和脾气是否充足和健运关系密切"。可见，中气足则五脏六腑之气得充。本方则大有提举中气之功，清气津液上达于目，双目得以濡养则眼压恢复可图。韦文贵在临床中遇有眼压低而兼气血虚弱、中气不足者，每用补中益气汤加减，多获良效。

药用神效　处方配伍独一帜

韦文贵继承先贤，深谙古训，但尊古而不泥古，自成一家风格，无论断病辨证还是处方用药，均有其难能可贵的独到之处。韦文贵认为，外障眼病实邪为多，故常用峻下、清热、疏风、活血等法，以祛邪气为急。对火热邪毒充斥内外的外障，必须釜底抽薪。内障之疾发病较缓，主张养血填精，固本培元，寓祛邪于扶正之中。而对虚中夹实的患者，又强调扶正祛邪兼顾。如对青光眼的治疗，韦文贵指出，首先要辨缓急虚实。认为发病急、疼痛剧者多属实证，当疏风清热，平肝活血。反之为虚证，但应切忌纯补。可在滋补肝肾的同时，佐祛痰除湿、活血行气、和胃止呕之品，以提高疗效。韦文贵遣药制方有如下几个特点：

（一）方简量轻：在其自制的 57 个经验方中，用药 14 味以上者仅 2 首，12 味的 6 首。还有 10 方用药均不足 6 味，而疗效却灿然可观。这种不求广原猎兔，但求单刀直入的组方思路值得重视。韦文贵对叶天士所云“诸香皆泄气”、“香气如云烟，先升后降”等观点颇有同感，故对轻扬芳散诸如蝉蜕、薄荷、羌活、细辛等药及辛温沉降的砂仁、沉香、肉桂等品的用量极轻，仅投 1～3g，而荆芥、防风、牛蒡子、白芷、辛夷、桑叶亦仅 3～6g。对苦寒之品如栀子、黄连、黄柏、龙胆草等，亦很少超过 5～9g。

（二）喜投辛散：因目为上窍，用药非轻则难以直达病所，辛散之品多轻扬上浮，故韦文贵极喜投之。在 57 个经验方和 69 个常用的前贤方中，有 30 方用了防风，16～22 方用了羌活、荆芥、柴胡；11 方用了细辛、白芷。这样广泛选用风药，除因“诸风药，升发阳气，以滋肝胆之用……使火发散于阳分而令走九窍也”（《脾胃论》）之外，还为了避免苦寒伤胃之嫌。与苦寒降逆之品同用，共收升降转枢中州气机的作用。李东垣曾赞当归为“和血之圣药”（《兰室秘藏》）。韦文贵虽亦取其养血安神、活血通络之功，而作为治眼疾良药，他考虑到川芎升发清阳和引经报使作用尤胜于当归，故在 43 方中均选用了川芎。韦文贵对某些病的治疗，完全以辛散药为主，如治青光眼急性发作期的偏正头风方、风热头痛方、退红方、和胃止呕方、青光眼 3 方、慢性青光眼方（亦治急性发作），几乎无一例外地用了荆、防、蝉、芷、藁、羌、柴、细、桑、菊等辛散疏风解表药。这种独辟蹊径的用药法，令人赞叹，更可推而广之。

（三）精研配伍：韦文贵因对药性了如指

掌，故在制方时能结合临床经验，精究药物的配伍。他根据《三家注》所云“石脂具湿土质而有燥金之用”及《本草汇言》所云赤石脂可“去湿气，敛疮口”之理，将他人很少用于治眼疾的赤石脂与细辛相伍，取其一沉一浮，一合一开，一敛一散，相反相成，配制在自拟的红肿翳障方中，用治角膜溃疡，可谓别具一格。

韦文贵讲过这样一个医案：河南省一位男性干部，50 岁，因患右眼凝脂翳，辗转河南、北京等地治疗，两个月来病情不能控制，溃疡继续发展，众医束手无策。经人介绍前来韦文贵处求治。患者右眼白睛抱轮红赤，畏光流泪，视物困难，黑睛鼻侧有脂状物附着，平日失眠多梦，口苦咽干，尿黄便结，脉数舌红。韦文贵认为此乃肝肺积热，复感风热毒邪，热毒之邪上犯目窍，风轮受损，发为本病。因此以清泻肝肺之热、退翳明目为治，主以自拟红肿翳障方：石决明 20g，赤石脂 10g，夏枯草 6g，川芎 6g，黄芩 6g，细辛 6g，甘草 6g。

石决明平肝清热，退翳明目，治目赤翳障为主药。川芎滋阴活血、退赤明目为辅助药。细辛祛风止痛，夏枯草、黄芩清肝散结明目，赤石脂收敛生肌，甘草健脾和中，调和诸药。服药 14 剂，诸症减退，白睛已不红赤，眼部其他症状亦已全退，唯黑睛遗有斑翳。再予以犀黄散外用点眼。一个月后，患者前来复查，右眼斑翳明显减轻，后随诊一直未再复发。

赤石脂是一种红色的高岭土，因色红滑腻如脂而得其名，性味甘涩微温，具有涩肠止血、收敛生肌的作用，是一种常用收涩药。临床上多用于治疗久泻、久痢、便血、脱肛、遗精、崩漏、带下、溃疡不敛等病症。《本草求真》说赤石脂："甘温质重色赤，能入下焦血分固脱，及兼溃疡收口，长肉生肌也……石脂之温，则能益气生肌；石脂之酸，则能止血固下。至云能以明目益精，亦是精血既脱，得此固敛，始见目明而精益矣。催生下胎，亦是味兼辛温，化其恶血，恶血去则胞与胎自无阻耳。故曰：固肠，有收敛之能；下胎，不无推荡之峻。”从以上论述可知，赤石脂除有收敛固肠的作用之外，尚有化恶血、通脉络的活血化瘀功能。所以赤石脂是一种具有活血化瘀作用的收敛药，既可收敛生肌，又可活血祛瘀，用于眼科角膜溃疡的治疗，颇有佳效。

韦文贵对补药及泻药的应用亦有其独到的见解。

应用补阴药时，常伍以理气开胃之品，以免碍胃损脾，生湿敛邪，如熟地配枳壳，炒酸枣仁配沉香，生地黄配神曲等。特别是补阴药与眼科常用的一些轻清宣扬之品协同应用，既可标本同治，又可防止滋腻碍胃敛邪。如炙鳖甲、炙龟板配桑叶（养阴平肝止痛方），何首乌、冬虫夏草配蔓荆子（平肝息风降压方），熟地黄、当归配羌活、防风（养阴清热明目方）

等均是。

对于补阳药，特别是一些峻补壮阳之品，如鹿茸、附子、肉桂、巴戟天、淫羊藿、全鹿丸、参茸卫生丸等，一般慎用。因为火性炎上，实热邪火可循经上扰于目，以致罹患目疾。阴虚火亢，虚火上炎，亦多导致目疾。故古人有“目为火户”之说。综观临床眼病，从寒热的角度分析，其中以热证居多，寒证虽有，但毕竟为少数，故补阳之品，必须慎用。

韦文贵主张在照顾脾胃的前提下，滋阴养血、益精明目的补阴药可以适当重用，温里助火壮阳药则应当轻用慎用。因为阴为物质基础，是有形之质，欲补其虚，没有一定的数量就不能引起质的改变；阳为功能表现，是无形之用，补阳应取其巧，在补阴的基础上略加补阳之品，剂量宜小不宜大，使其起到启开发机的作用，才能达到补阳而不动邪火的目的。若妄用壮阳峻补之品，非但不能补阳，反而会引动相火，既有伤灼耗精之害，又有肾关不固、真精受损之危。在治疗小儿眼疾时，助阳之品更应慎用。对于12岁以下儿童慎用炙黄芪，因小儿为纯阳之体，黄芪性温补气，有助火之弊，易导致鼻出血。

具体方法上，应用补益药，如人参、黄芪、熟地黄、阿胶、女贞子、肉桂等，剂量均应由轻到重，逐渐加量。因为病者体质虚弱，虚不受补，纵然重用，于病无益，甚至会因补阴而滋腻碍胃，因助阳而引动相火。剂量由小到大可循序渐进，待正气渐起、吸收运化功能恢复，再重施补品，这样能达到益气补阳、养血填精的治疗目的。

韦文贵十分重视被别人忽视的单方小药。他使用这类药物，常常出奇制胜，取得佳效。

一位在西藏工作的干部，两目微红，两眦常有大量眼眵壅结，视物昏花不清。患者非常痛苦，于是慕名前来就诊。韦文贵处方：番泻叶 30g，嘱其每日用 2～3g 泡水，代茶饮之。结果尽剂而病愈大半。患者惊喜，赞叹不已，一味小药竟使为患日久的眼病立退，特来报喜致谢。韦文贵又开番泻叶 30g。日日见效，药尽病除，视力等恢复如常。

众所周知，番泻叶味苦而性寒，质黏而润滑，是一味使用方便的泻下药，能入大肠经泻积热而润肠燥，可用于热结便秘之证。古书并无记载，至近代才被用于临床，用于治疗眼疾的资料则更为罕见。临床上目眵壅结，多属肺经实热。又因肺与大肠相表里，泻大肠即可清肺热。番泻叶入大肠而泻热导滞，故可导肺经之实热下行，从大便而解。所以凡见白睛红赤、疼痛羞明、眵多泪热之症，均可用番泻叶治疗。而且本品可用开水浸泡代茶，服用甚为方便，颇受患者欢迎。但是应当注意的是本品的用量：少量使用可清肠胃之热而开胃进食；服用 5～10g 即可在 2～3 小时内出现肠鸣、腹痛而致泻；过量则会引起恶心，甚或呕吐。所以，若非胸腹胀满、便秘不通而需要峻下者，用量一般在 3g 以下为宜。

韦文贵用药不偏执一端，能够随证变通，故常常取得良效。

辨证有术　韦文贵重塑光明

眼睛虽小，但构造复杂，其功能于人体之重要性自不待言。保护眼睛、治疗眼疾是医家专科之术。韦文贵秉承前人教导，结合自己几十年的临床实践，对眼睛的病机病理、病情症状、传变规律、检查方法、辨证手段和用药护理等等都有深刻的理论认识和治疗经验。他对眼病的局部症状的分析辨证，有着十分重要的临床指导价值。

第一，眼珠病变。韦文贵认为，白珠红赤，凡见赤脉粗大而鲜红，用手指隔眼睑压之可暂退，充血以球结膜周边为主（结膜充血），则多为外感风热之实证；若赤脉细小密集，色暗略紫，环绕黑睛一圈，以手压之而不易退色者（睫状充血），则为“抱轮红”，多属肝肺郁热所致；白睛一片紫红，略高于球结膜平面且痛甚者，多为肺肝火郁而兼气血瘀滞所致；若不痛不痒，无泪无眵，白睛一片胭脂样血红者，多属络脉损伤或血为邪滞、凝而不行所致；倘若白睛淡红一片，则多属阴虚火旺之证。

第二，眼部肿胀。眼部肿胀，状若鱼胞，为肺火炽热；肿胀发于睑胞，红硬臃肿，属脾胃实热；若“胞虚如珠”肿软而不红者，属于脾虚气弱；如若红肿糜烂，则是脾胃虚弱之故。

第三，眼痒症。韦文贵认为，眼痒发于内眦，多为泪窍病变；睑缘发痒兼赤烂肿痛为湿热蕴蒸所致；痒如虫行，年年复发为风邪上攻；若刺痒灼热则为风热壅盛；若是诸痒并重乃为血虚生风之象。

第四，泪眵症。热泪如汤为风热；冷泪长流属肾虚；眵多痂结为实热；眵多微黄且稀薄是虚热；眵多而白黏是湿甚。

第五，疼痛症。韦文贵说：疼痛之症因部位不同、程度各异而定。双目隐隐作痛，且时痛时止，为阴虚火亢；痛如针刺，持续无间者，属实火上亢；眼干涩而痛乃肝肾阴虚、精血不足之故；双眼痛，经期尤甚者是为血虚；久视劳倦，眼无力，兼前额隐痛者乃气虚；赤痛而多眵多泪为风热壅盛；目淡赤而隐痛，少眵少泪，二便通利者，为虚火上越；目赤而痛，二便不利者为实火内蕴；若眼痛欲脱，头痛呕吐，则多为肝火上炽。

第六，视力症状。韦文贵说，人之视力，能近怯远，属于心火不足；能远怯近，多为肾气亏损。视瞻昏渺，逐渐失明者为青盲，且以虚证居多，常为肝肾不足、气虚血少所致；若突然丧失视力，甚至失明者，则为暴盲，以实证居多，常为肝胆实火、血溢络外、气滞血凝或络脉受阻所致。

第七，视觉形色。韦文贵指出，若云雾遮睛，眼前有黑花飞蝇，乃肝肾阴虚或肝胆炽热；若视正反斜，视小反大，视直为曲，则多为阴虚血少或脾运失健，湿浊上犯，痰火上扰之证。

第八，瞳仁形态。韦文贵说，瞳仁干缺，瞳仁紧而小，属于肝胆郁热，或肾水亏乏；瞳神散大，不伴眼珠红痛者为肝肾不足；瞳神散大，伴有目珠红痛者，为肝火内炽；若瞳仁内发白，阳看则小，阴看则大（圆翳内障），则多为肝肾两虚或气血不足之证。

必须指出，上述各种症状的判断常常不是孤立的，诊疗时必须参考眼部的其他症状和全身的病状反映，全面辨证，综合分析，才能得出精确客观的论治措施。

所谓辨证论治，韦文贵说，辨证是为了论治，只有辨证准确，论治之法才可能得当。辨证是论治的基础和前提，论治是辨证的目的和结果。只有辨证准确，治则对症，才能药到病除，回春有望。

患者兰某，男，34 岁。7 年前因右眼底突然出血而致盲，经抢救，视力有所恢复。但几年来眼前总有蚊蝇状黑影浮动。4 个月前视力又迅速减退，眼前总是一片云雾遮挡，眼球胀而痛。患者精神萎靡，一脸悲观之象。韦文贵诊之，舌淡色暗，苔薄而白，脉弦细而稍迟。右眼视力 0.3，左眼 1.0。眼底：右眼玻璃体混浊，视乳头边清色正，静脉怒张纡曲。末梢静脉有白线伴随。沿中周边视网膜静脉径路有大片火焰状出血，波及后极部，色暗红，黄斑中心窝反射未见。左眼底正常。诊断为右眼云雾移睛（右眼视网膜静脉周围炎、右眼玻璃体积血）。证属阴虚火旺，肝热血瘀。眼底出血日久，难以吸收。治以滋阴平肝，活血破瘀，益气明目。方用坠血明目饮：生地黄 15g，川芎 6g，赤芍 6g，当归尾 10g，牛膝 6g，山药 6g，生石决明 15g，蒺藜 10g，防风 6g，细辛 3g，知母 6g，党参 10g，五味子 3g。水煎服，20剂。韦文贵鼓励患者，治病应有乐观的精神，悲观消沉于病无益，要振作。

服药后再诊，患者右眼视力增至 0.5，眼底出血已部分吸收。继续治以滋阴益气，平肝明目。用眼底出血方。

处方：石决明 24g，决明子 10g，益母草 10g，当归尾 10g，赤芍 6g，滁菊 5g，柴胡 5g，五味子 3g，天冬 6g，山药 10g，茯苓 10g。服 14 剂。

如此三诊后，患者右眼视力已达 0.9，眼底瘀血已全部吸收。为防复发，再用知柏地黄汤加味以治。

处方：炒知母、炒黄柏各 6g，熟地黄 20g，山茱萸 10g，怀山药 10g，茯苓 10g，牡丹皮 10g，泽泻 10g，青葙子 10g。水煎服，15～20 剂。

数月后，患者兰某来信说，药尽病除，眼

前一片光明，现已上班，特向为他重塑光明的韦大夫鞠躬。

某日，韦文贵正在坐诊，一对夫妇抱着一个男童走进诊室。妇人跪地哀呼："韦大夫，救救我的孩子吧。"韦文贵急忙起身将其扶起。坐定后，妇人称：孩子3岁，两月前忽然发烧，精神烦躁，坐卧不安，少食呕吐，继而痉挛抽搐，昏迷不醒。经治疗，一度好转。20多天前，突然发现孩子目不感光。急上医院，已经双目失明。某医院确诊为"双眼球后视神经炎，双眼早期视神经萎缩，右眼内斜"。今慕名前来，请韦大夫救治。

韦文贵诊查：孩子双眼视力黑蒙，瞳孔散大，对光反射消失。双手颤抖，项强，下肢瘫痪，时有寒热往来。舌红苔白，脉弦细。眼底检查：双视乳头颞侧色浅，动脉细。韦文贵说，此症属高烧热病后余热未尽，热留经络，玄府郁闭，以致清窍失养，肝肾阴虚，经脉也失濡养，故有肝风内动之象。遂以清透少阳、平肝息风定惊之法治之。方用小柴胡汤加减。

处方：柴胡 6g，黄芩 3g，党参 2g，甘草 2g，茯苓 2g，石决明 12g，僵蚕 6g，全蝎 3g，木瓜 3g，麦冬 2g。9 剂，水煎服。又加服紫金锭，每日 2 次，每次 1g。并嘱家长不可急躁，对孩子更要有耐心，要天天哄孩子高兴才是。

药尽后二诊：孩子烦躁症状大减，项强、手颤也大有好转，并能短时间站立。余同前。韦文贵检查，双眼有光感，但反射迟钝，瞳孔稍有收缩。证属少阳已透，肝风已减，但余热未尽，其热仍留经络，玄府依然郁闭，以致青盲。治以疏肝解郁、平肝息风、健筋活络之法。方用丹栀逍遥散加减。

处方：柴胡 3g，当归 3g，白芍 3g，茯苓 2g，白术 3g，甘草 2g，焦栀子 4g，薄荷 2g，牡丹皮 3g，僵蚕 3g，牛膝 4g，全蝎 2g，木瓜 3g，石决明 12g。水煎服，7 剂。继服紫金锭，每日 2 次，每次 1g。

三诊时，孩子双眼已能辨认父母和手指诸物，瞳孔已近正常。手脚时有微颤，但手可持物，扶墙可蹒跚。脉数苔净。仍以前方治疗，服 7 剂，并继续用紫金锭。

数日后，患儿乐呵呵走进诊室，大声说："爷爷，我好了。"顿时，其父母双双落泪而笑，同声道："谢谢韦大夫，孩子的病都好了，在家可拣拾芝麻大小的东西了。"再行检查，瞳孔已正常，双眼视力均为 1.2。8 年后随访，小孩子已是一个视力、智力俱佳，活泼可爱的小学生了。

曾有一位复明患者专门题词赠韦文贵："光明使者，妙手回春。"其誉不过也。

医以报国　韦玉英不输乃父

韦氏医术之于眼科，到韦文贵已是第三代了。三代为医，代代名医，可谓世家之最。第四代传人韦玉英是韦文贵的长女，也是当代中医眼科大家。韦玉英与其父一样，适逢中华盛世，以精诚报国之情怀，用毕生精力塑眼科学术之新高。父女并驾齐驱，享誉中华，堪称杏林绝响，故而合传传之。

韦玉英（1925—2004），受家庭熏陶，幼有学医之趣。稍长，父亲见她端庄娴静，聪慧好学，且又正直诚实，有助人之风，便有意塑之为医。所以在韦玉英中学期间，为其特聘一位秀才先生专门教习古文。韦玉英从《论语》、

《孟子》和《古文观止》等文章中，不仅领悟了仁人之德，治学之方，处世之道，还懂得了文言文的章法修辞之学。16岁高中毕业后，韦玉英赴杭州，在韦氏眼科诊所随父学医。

韦文贵对爱女不娇不宠，一以徒弟之务要求。韦玉英每日里除了侍诊见习和听父亲分析病案、讲解处方等日常医务之外，就是读书。当她捧起一本本文言古籍阅读的时候，顿然悟出了父亲当年请秀才教古文的良苦用心，所以读书特别刻苦用心。由于有良好的文言文基础，韦玉英几乎把读书当作每日的生活内容。按照父亲的要求，韦玉英在《医学三字经》、《汤头歌诀》、《药性赋》、《本草备要》、《眼科百问》、《黄帝内经》和《伤寒杂病论》等典籍中吮吸营养。她不仅遍览，而且背诵。诸如“阴阳四时者，万物之终始也，死生之本也，逆之则灾害生，从之则疴疾不起……”（《素问·四气调神大论》）等等箴言至理，韦玉英脱口背诵者不计其数。对于历代眼科专著，如元代倪维德之《原机启微》、明代傅仁宇的《审视瑶函》、清代吴谦的《医宗金鉴·眼科心法要诀》，以及刘耀先所撰的《眼科金镜》等著作，韦玉英更是手不释卷，其中重点章节和精辟论述，除背诵外，还摘抄卡片无数。

韦玉英是一位自制力极强而又志存高远的女子。她视父如师，凡有医理疑惑必讨教，悉从教诲；她自视如徒，事事以弟子之规自勉。在父亲严格的教导下，经过四年的学习，韦玉英不但熟练地掌握了“四诊八纲”等医理医术，而且还以女子的灵心巧手掌握了“金针拨障术”。1945 年抗日战争胜利后，当父亲韦文贵返回杭州，在中山路恢复韦氏“文明眼科医院”的时候，20 岁的韦玉英已经可以同父亲一道把脉诊病了。又经过 4 年的临床实践，到 1949 年，韦玉英已是一位颇有名望的眼科医生了。名师出高徒，家学育后昆，韦氏医术有了第四代传人。

1951年，韦玉英奉调到杭州市中医进修班研习。第二年10月，她被浙江省卫生厅选派赴绍兴地区参加防治和消灭血吸虫病的工作，防病、治病成绩卓著。1954年初，韦玉英被派往省立杭州医院专修西医眼科。父亲韦文贵对女儿进修西医十分高兴。他认为，中医要发展，中医眼科要进步，必须吸收当今医学成就，必须吸取西医精华。中医自古提倡博采百家之长，在今天，这“百家”之中还应该包括西医这一大家。1955年11月，韦文贵奉调到中医研究院工作。4个月之后，即1956年3月，韦玉英也奉调进京，到中医研究院外科研究所（广安门医院），在眼科主任韦文贵的领导下当眼科医生。从此，韦玉英与父亲一道，开始了以医报国、戮力精进的生涯。

韦玉英进京的第二年，即1957年，领导派她赴上海，在著名老中医、眼科专家姚和清门下学习进修。学不厌博，艺不厌精。一年后，韦玉英带着姚和清教授的临床经验和眼科新论回到北京。1958 年，在中西医结合理论的指导下，中医研究院与同仁医院、协和医院三家的中西医眼科专家开展了儿童视神经萎缩的临床研究工作。期间，韦玉英以韦氏治疗小儿青盲症的独特诊疗手段和方药，使多位患儿重见光明，解决了令西医困惑的眼病难题。当年，《人民日报》以《中西医专家团结协作，共同搞好科研》为题报道了他们的研究成果，并称这一研究是中国中西医结合开展学术研究的范例。通过这次三院四年的科研实践，韦玉英越发地成熟了。韦玉英常说，她能向名医学习，博采中西医各家之长而有今天，都是国家的培养之功。她要把一切献给祖国的中医药事业。

在此后的几十年里，韦玉英坚守临床一线，在白内障、儿童视神经萎缩和眼科疑难重症的治疗和预防等方面都取得了骄人的成绩。韦玉英是中医眼科著名的临床家，她以拨障翳、治沉疴的高超医术深得广大患者的信赖，而且还多次受政府派遣赴泰国、越南和美国等国家给国际友人治病，为中华医术赢得了世界性赞誉。

韦玉英是学术研究的带头人，是韦文贵眼科理论和医术的传承和研究者。1980 年，在其父逝世前夕，她完成了《韦文贵临床经验选》，这是研究韦文贵医学思想和实践经验的重要著作。1985 年，由她主持的课题“明目逍遥汤治疗血虚肝郁型儿童视神经萎缩的临床研究”结题。该研究成果荣获卫生部科技成果甲等奖。1990 年，韦玉英主持研制的明目逍遥冲剂获中国文化博览会金奖。同年，她在“第 26 届国际眼科会议第二次中西医眼科会议”上宣读了《外伤性视神经萎缩中医治疗的临床研究》的长篇论文。1993 年，韦玉英因故未能出席“第二届国际眼外伤学术研讨会”，由学生代表她宣读了题为《中西医结合治疗儿童外伤性视神经萎缩》的论文。1996年，韦玉英主持的课题“中医治疗外伤性视神经萎缩的临床及实验研究”，通过国家中医药管理局的鉴定，被评为局级中医药科技进步二等奖。韦玉英的研究成果是当代中医眼科的宝贵财富。

韦玉英还是一位知名的中医眼科教育家。20世纪70年代中后期，全国医务界掀起了西医学习中医的热潮。韦玉英受组织委派，为来自全国各地近百名西医眼科医生进行长期和短期培训。她是中医眼科的主讲教师。她曾带队赴甘肃、河北、湖北等地巡回医疗和培训地方眼科医生。她是全国第一届视神经萎缩症研讨班的组织者和主讲教师。她还是硕士研究生导师。1990年被确定为全国老中医药专家学术经验继承工作指导老师，享受国务院政府特殊津贴。1994年，人事部、卫生部和国家中医药管理局共同签发荣誉证书，表彰韦玉英在培养中医药人才工作中作出的突出贡献。

韦玉英是全国中医眼科学会副主任委员，中国民间中医药研究开发协会常务理事，北京中医学会第七届理事会理事和眼科专业委员会顾问。2000年，75岁的韦玉英被聘为北京中医药大学东方医院视神经疾病诊疗中心顾问。

韦玉英是一位工作认真、待人谦和、忠于职守、把救治病人看得高于一切的医生。她门诊把脉几十年，患者挂号不限号，不看完最后一个病人就不下班。退休后，她仍然在中国中医研究院广安门医院出特需门诊。

2004年10月12日，韦玉英像往常一样，在自己的诊室里聚精会神地为患者一一把脉、处方。那一天病人特别多，她一个接一个，一直到下午6点半才看完最后一位。在她起身想去洗手的瞬间，还没有迈步便又跌坐在她坐了几十年、漆皮已脱落的椅子上，顿时大汗淋漓，脸色蜡黄，随即昏了过去。医院上下大惊，全力抢救，但还是没能挽留住她的生命。韦玉英这位忠贞的白衣天使从她的诊室里走了，享年79岁。

功不负人　学术研究多创新

为医一世而诊病无误的医生也许有，但那可能是少数。从失误中吸取教训，以教训为鉴，谨慎一生，不断奋进者，应是多数。韦玉英就是一例。

韦玉英临证初始，一位男性患者前来就诊。自诉两月前突感右眼视物模糊，且变形变小，眼眶酸痛，并神烦口干，腰背酸痛。经查其脉细数，舌红少苔。右眼视力0.5，近视力耶格表为3，眼底黄斑部水肿约一个乳头直径，内有黄白渗出点，中心凹反射未见。韦玉英辨证为肝肾不足、阴虚内热之证。诊断：中心性浆液性视网膜病变，属阴虚火旺型。治以滋阴降火、平补肝肾之法，方用知柏地黄汤加味。

处方：炒知母、炒黄柏各 9g，生地 20g，怀山药 10g，牡丹皮 10g，茯苓 10g，泽泻 10g，山茱萸 10g，淡竹叶 6g，生石膏 15g。水煎服。

3 天后，病人忽然前来，诉之服药 3 剂后，眼症未见好转而增头晕目眩，少腹隐痛，大便溏稀，且一日五六解。韦玉英闻之大惊，于是详询其情，才知患者平素便溏多年，喜热饮食，夜卧畏寒盖被较厚。她恍然大悟，原来是问诊不详导致的辨证失误。患者虽有口干神烦、舌红脉细而数之标象，但平素畏寒便溏，本为命火不足，脾肾阳虚，此真寒假热之证。阳虚正衰，用寒凉克伐势必腹泻隐痛，诸症不效。于是急以温补命门、益气健脾之法，脾肾兼顾，逆流挽舟以图补救。

处方：上肉桂（研末分冲）0.5g，熟附片 6g，熟地黄 15g，怀山药 10g，茯苓 10g，牡丹皮 6g，泽泻 6g，山茱萸 6g，党参 10g，黄芪

6g，炒白术10g。水煎服。

进药7剂后上症明显减轻，大便每日一二解，腹痛亦消。仍宗原方并加重温阳健脾药的剂量：肉桂末1g，熟附子10g，另加炒薏苡仁10g。服药14剂后视力增进，右眼0.8，近视力耶格表为2，眼底黄斑区水肿明显减轻，渗出部分吸收。原方再进14剂后右眼视力增至1.2，近视力耶格表为1，眼底水肿消失，渗出吸收。因患者时觉眼痛，再予补中益气汤7剂，益气升阳，巩固疗效而获痊愈。患者大悦，频频致谢。而留给韦玉英的则是四诊必详、辨证才可无误的教训。

每当向学生讲罢这件憾事的时候，韦玉英常常语重心长地说：医者，意也。医生看病不但要有辨证论治的真功夫，还需有一颗至诚至爱、细致入微的心。胆欲大而心欲细，智欲圆而行欲方，为医者应铭记在心。眼科辨证，更当详审眼部症状及全身情况，综合分析，才能正确认识疾病，予以恰如其分的治疗。切不可仅注重局部而忽略全身这个整体，甚至拘于某一方药治疗某一眼病的生硬格局，丢失中医辨证论治的精髓，以致被假象所迷惑，造成误治。与内科疾病一样，眼病往往也因病人的体质、年龄、生活环境、工作特点及外邪的强弱、性质不同而造成寒热交错、真寒假热、真热假寒等错综复杂、多种多样的病机。所以必须仔细了解病情，注意观察分析每一个细小环节，辨其寒热真假，方能透过现象，抓住本质。如是行之才可少失误，甚至杜绝失误。

几十年来，韦玉英以女性之慈爱情怀，尤其关注婴幼儿童的眼病。她多次以儿童视神经萎缩为题进行系统的临床研究和科学实验，发表了多篇课题研究成果报告和论文，为中医治疗儿童的各种视神经萎缩症作出了创新型的贡献。

儿童视神经萎缩是眼科疑难病之一，属中

医“小儿青盲”范畴。韦玉英自1956年开始，随其父与协和医院、同仁医院有关专家共同研究本病。通过门诊及住院部对12岁以下患儿进行长期系统的临床观察，发现各类脑炎、肺炎、中毒性痢疾、流行性感冒重症等急性温热病后发生本病较多。她又对本病错综复杂的临床现象进行了去伪存真、由表及里的分析、归纳，抓住了病因病机中的主要矛盾和矛盾的主要方面，并密切结合患儿具体证情，大胆化裁前贤方药，灵活取舍，取得了十分满意的疗效，基本掌握了本病的传变和治疗规律。她在视神经疾病的诊断和治疗诸方面都有创新之见，将视神经萎缩症的治疗归纳为九法：

一为疏肝解郁法。症见忧郁烦躁，头晕目眩，口苦胁痛，妇女尚可见月经不调。舌红、苔黄、脉弦。此证属肝郁气滞。根据“郁者达之”之训，可选丹栀逍遥散治之。若兼见气阴两虚者，可在本方基础上加党参和枸杞子，或用柴胡参术汤以治。

二为行气活血法。血行脉中，环行不息。若瘀血阻络，血行失度，脉道不畅，则目暗不明。症见视物模糊，头目刺痛，胸痞满闷，舌质暗红或见瘀斑，脉细涩，则证属气血郁滞，方选桃红四物汤加制香附、陈皮等理气化滞之品。若纯属外伤所致者，则用韦玉英自拟之外伤复明汤（桃仁、红花、川芎、生地黄、丹参、石菖蒲等）治之。

三为清热平肝法。症见双目青盲，瞳孔散大，目多偏视，烦躁不安，兼见项强口噤，双耳失聪，肢体强直或屈伸不利，舌绛或红，苔黄薄腻，脉弦数或数实有力；3 岁以下患儿指纹青紫透现风关或气关。证属肝经风热，且多见于小儿。其特点是病程短，病情急，兼症多。治宜清热解毒，平肝息风，芳香开窍。遇此症，韦玉英必投以自创之钩藤息风饮（金银花、连翘、钩藤、白僵蚕、全蝎、薄荷、蝉蜕、生地黄、石菖蒲)。

四为补气活血法。若劳役过度，久病耗损或撞击伤目，瘀血未消，目失血荣，症见视物昏花，头晕耳鸣，少气懒言，舌红或有瘀点，脉细涩，证属气虚血瘀。当施以补气活血之法，使气旺血生，气助血行，祛瘀不伤正。可以用补阳还五汤治之，或选血府逐瘀汤加党参、黄芪等益气之品。

五为疏肝养血法。此法多用于小儿青盲，证属血虚肝郁者。症见双眼青盲，目紧上视，瞳神散大，神烦不安，舌质偏红，苔稍黄或薄白。每逢此症，韦玉英则用自制验方明目逍遥汤（柴胡、茯苓、白芍、当归、白术、甘草、菊花、牡丹皮、焦栀子、薄荷、枸杞子、石菖蒲）治之。

六为养血和营法。症见眩晕眼花，眼珠隐痛，失眠少寐，面白舌淡，脉细无力，证属营血不足。若兼见心悸、健忘等，可用归脾汤或当归养荣汤（白芍、熟地黄、当归、川芎、羌活、防风、白芷）化裁以治。若见两目干涩、手足麻木或筋脉拘急等肝血虚为主时，可用四物补肝汤（熟地黄、香附、川芎、白芍、当归、夏枯草、甘草）加伸筋草、鸡血藤等舒筋活络养血之品。

七为健脾益气法。症见眼睫无力，头眼昏花，面色萎黄，懒言少动，食少便溏，舌淡胖有齿痕，脉细，证属脾虚气弱。宜用补中益气汤、调中益气汤或益气聪明汤加减为治。

八为滋补肝肾法。本法常用于病之后期，久病失治或过服温燥劫阴之药，或房劳不节及年老精亏等耗伤肝肾之阴，精亏血少，目窍失充，神光衰退甚至泯灭。症见双眼干涩，头晕耳鸣，健忘失眠，可投六味地黄汤为基础随证圆通，或用四物五子汤、驻景丸加减。若相火亢盛，阴虚火旺，虚火灼烁目系者，可用知柏地黄汤滋阴降火。

九为温肾健脾法。素体阳虚、年高肾亏、久病中土失健或纵欲无度，易使脾肾阳虚，精血不足，玄腑渐闭，神光遂衰。症见脾虚气弱及形寒肢冷，面色苍白，便溏或五更泻，舌淡苔白，脉沉细无力，尺脉微弱。以附桂八味丸或右归丸加减治之。

韦玉英治疗视神经萎缩症，除以上述九法论治外，还常用针灸之法配合治疗。她主张药与针并用或先针后药。她的针刺特色有四：第一，喜用眼四周经外奇穴和足太阳膀胱经的睛明穴。第二，善以深刺取效，达到一定深度后，再轻度捻转或轻弹针柄加强刺激，但要避免提插，以防出血。第三，常用透穴，如四白透下睛明，攒竹透上睛明，太阳透瞳子髎。第四，借用药物予以穴位注射，多用维生素 B_1、B_{12}和硝酸士的宁、丹参注射液、葛根素等。

除了视神经疾病，韦玉英还擅长治疗眼底血证。中医认为，凡血不循经而溢于脉外谓之出血，出血不能消散而瘀滞于某一处或血流不畅、运行受阻则称瘀血。出血瘀血，互为因果，同属血证，不可断然分开。但论及眼底，总以出血为先，瘀血在后，病理变化主要与肝、脾、心、肾四脏关系最为密切。因血液生成靠脾肾，正常运行又与心气的推动、脾气的统摄、肝气的贮藏和调节息息相关。一旦脏腑功能失调，阴阳气血偏盛偏衰，即可诱发眼底出血。治疗应审证求因，辨证分型。具体用药则主张早期以清热凉血止血为主，适加活血理气消瘀之品，以防有留瘀之弊。但应避免过早投用活血峻品，否则旧血不消，新血复出，反会欲速不达。

若初期出血量大势猛，应急治其标，塞其流，遏其势，可加强炭类药的应用，取其出血“见黑则止”。并应尽量减少体力活动，静养双目。静则生阴，动则扰阳，阳动则血行不安，止血不易。韦玉英特别指出：炭类药不宜过多，更不宜久服，因炭类药性燥，大量久服易生燥伤阴化火，反会灼伤脉络，引起反复出血。

病至中期，眼底积血未消，瘀血未去，新血不生，血脉不通，可致再度出血，故治疗总以活血化瘀为主。

后期出血已止，若瘀血积久不化，多属日久气亏血虚。气为血帅，血为气母，母病及子可致气虚，气虚帅血无力，又致瘀血不易消散。治疗应扶正祛邪，益气活血，通补并用，做到化瘀不伤正，扶正助瘀消。韦玉英认为，瘀血久留可干着难消，阴血亏损又使脉道失血不润，故适当加用地黄、阿胶、麦冬等滋阴濡润之品有利于化瘀。

韦玉英在血证选药方面亦有自己独到见解。槐花清热凉血止血，又可降低血压及改善毛细血管脆性，常用于老年性高血压动脉硬化患者；白及补肺收敛止血，适合青年人视网膜静脉周围炎及外伤眼底出血，研末冲服收效快。茺蔚子活血化瘀兼能凉肝明目，肝郁化火或肝阳上亢的血热妄行可加用三七活血散瘀，止血不留瘀。近年研究显示，三七还有扶正强身作用，故无论各型各期均可研末冲服。火麻仁润肠通便，泻下之功逊于硝黄，但润肠之效又非硝黄所能及，对于血瘀伴肠燥津枯患者较为适宜，唯脾虚便溏者当慎用。牛膝治血又善引血下行，兼能补肝肾，各期出血均可选用。大黄既是气药，又入血分，唐容川称其“止血而不留瘀，尤为妙药”，取其降气即以降血，通腑导热下行，早期出血后实热之证可用之。但年老体衰、妇女经期、妊娠及脾虚阴亏之体忌用。

总之，无论分型定主方，还是分期立法方药，临床不可囿于一法一方，应法随证变，方随法调，有方有药。此正是中医辨证论治的精华所在。

研创义方 巧治疑难眼疾病

眼病之于婴幼儿童，有先天之疾，有后天发育偏颇之患，更有无知失防造成的种种外伤。韦玉英以仁医奇术和慈母之心之情，精研病证，妙用药物，有时药与针刺并用，使万千患儿康复，家长释忧。韦玉英辨证施治，灵活化裁，博采前人之术，善扬个人之长，在对各类疑难疾患的治疗中取得了成功。

赵某，男，4 岁半，患脑炎之后双眼突然失明。经某医院治疗无效，前来求治。其母代诉：两周之前孩子因患中毒性脑炎，高烧、抽风后致双目失明。经检查，双眼无光感，眼底正常。患儿神烦哭闹，咬手踢足，揉眼不止。

脉细数，舌红少苔。韦玉英诊断为双眼小儿青盲（即小儿皮质盲），治以疏肝清热，养血明目。药用丹栀逍遥散去生姜、薄荷，加菊花、石菖蒲各 6g，石决明 10g（先煎）。每日 1 剂，服药 21 剂后复诊。其母云：孩子已能看到地上爬行的蚂蚁，并能捡起头发丝。检查：30cm 距离能自取桌上 1mm×1.5mm 蓝白两色纸片。眼底正常，神烦已消，脉细稍数，苔薄白。原方再服 7 剂后，其母特来致谢，说孩子已上幼儿园。

韦玉英说，此例属温热病后阴伤血虚肝郁，证属邪留正虚，虚实互见。借用治疗小儿视神经萎缩的逍遥散验方，使肝郁疏解，玄腑通利，余邪清除，气血畅行，脑目得荣而渐复光明。

1959 年 2 月 6 日，一位眼含热泪的妇女抱着刚刚 1 岁半的儿子前来求治，哭着说，孩子出生后双眼不追灯光，不会笑。1 岁时不能站立，经常腹泻。某医院神经科诊断为大脑发育不全。经几所医院治疗均无效果。后经某院医生推荐，特来求韦大夫治疗。韦玉英立即检查：双眼无光感，虹膜缺乏色素，眼底视乳头苍白，无病理凹陷，视网膜呈白化病状，隐约可透见白色巩膜。眼球水平震颤，脸色苍白，头不能竖，形体枯瘦，下肢痿软。脉沉细，指纹淡，舌质淡红且胖。诊断为双眼小儿青盲，即先天性视神经萎缩。韦玉英辨证说，孩子出生后即双目失明，为先天不足之症；喂养失当，致使腹泻，又属脾虚中气不足。脾虚则五脏皆失所司，不能运精归明于目，并使肢体痿软不能站立。治以益气健脾，兼补肝肾。方用补中益气汤化裁：党参、炒白术、当归、枸杞子、菊花各 6g，柴胡、陈皮、夜交藤各 3g，升麻 2g，石决明 6g（先煎）。7 剂，每日 1 剂。水煎去渣，留汁 150ml，分 3 次温服。二诊时，原方去石决明和菊花，加薏苡仁、焦谷芽各 10g，鸡内金、茯苓各 6g，服 7 剂。

上方连服 14 剂后，父母抱孩子一同前来，喜云：服药后，孩子食欲增加，大便时有稍溏，已能自行摸取东西。经检查，孩子已能从 30cm 远的地方抓取晃动的脉枕和铅笔，但不甚准确。舌脉同前。韦玉英嘱上方再服 30 剂。1959 年 5 月 17 日，患儿由其母亲拉着走进诊室，笑着“呀呀”叫阿姨。再查，孩子已能从桌子上拾取小米粒了，唯眼球仍轻度震颤。效不更方，在原方基础上加僵蚕 3g，钩藤 3g（后下）。20 剂，嘱隔日一服，服完为止，不必再诊。一年后，来京复查，孩子身体健实，行动自如，能拣拾地上的红白各色小珠子和头发丝了。

撞击伤目是儿童的常见疾患，对这种突发性眼病不但要救治及时，更要救治得法。在半个多世纪的临床实践中，韦玉英精研细琢，在眼外伤的治疗中无一憾事。张某，男，17 岁。在玩耍中被朋友用弹弓误伤右眼，当即失明。急赴某医院急诊，断为眼挫伤后前房出血，眼底看不进，给服止血药后回家。翌日晨，眼胀痛难忍，白睛红赤，便来韦玉英处求治。患者白睛混赤，血灌瞳神，肿胀疼痛，视力尽失。此证属血瘀化热生风，急需凉血止血，适加散瘀止痛之品。处方用生地黄、炒蒲黄、墨旱莲滋阴凉血止血，再加大蓟凉血止血，破血消肿，复加五灵脂行血破瘀止痛。服药 5 剂后，前房出血基本吸收，眼痛大减。再诊时改投除风益损汤。服 14 剂后，诸症痊愈，视力恢复至1.5。孩子自来报喜，感谢重塑光明之人。

1986 年 8 月 26 日，7 岁男童李某随父母来到诊室。其父说，40 天前，同学们一起玩耍，李某不幸被一石块击伤左眼而致盲。在当地医院查为玻璃体大量积血，建议行玻璃体切割手术。家长因顾虑未允，特来京求治于中医。经查，视力右 1.5，左 0.04，不能矫正。左眼玻璃体内大量咖啡样尘埃状浓厚混浊，不见眼底。脉象细偏数，舌质正，苔薄白。诊断为弹击暴盲，即外伤性玻璃体积血。外伤损目，瘀血灌睛。治以活血化瘀，兼以凉血止血，平肝明目。处方为桃红四物汤化裁：生地黄、赤芍、当归、茺蔚子、石决明、墨旱莲、鸡内金各 10g，丹参、白茅根各 15g，桃仁、红花各 6g。7 剂，水煎服。

服药后再诊，左眼视力如前，药无不适。原方加大蓟、小蓟各 10g。服 14 剂。三诊时，左眼视力为 0.3，已有好转。舌质淡红体胖，脉细。原方去桃仁、红花，加茯苓、炒谷芽、炒麦芽各 10g，健脾开胃，消食和中，以助药力。四诊时，左眼视力已为0.8。继续服上方。半年后再来复诊，左眼视力恢复至 1.2。阖家欢喜。

韦玉英认为，这类单纯的外伤损络后视网膜或玻璃体积血，因眼内组织及血管既往并无炎症或阻塞、渗出、增殖等病理改变，故离经之血的吸收途径比较畅通。所以，只要不是很严重的损伤出血，用药后其吸收一般较快，可以用凉血散瘀或活血理气之法治之。此所谓“凡治血者，必先祛瘀为要”。对于撞击外伤的治疗，韦玉英认为，首先应辨明是否出血、肿胀。若属于热胜生风、风动迫血所致，根据“风胜则动，热胜则肿”之理，应以凉血止血、化瘀止痛治之。凉血则血热减而肿胀消，化瘀则脉道通而血自止。倘若患者主要表现为瞳孔散大，视物变形，视力减退，这是外邪乘虚内侵、水轮受损所致。治当祛风缩瞳，补肾逐瘀。祛风以散内侵之外邪，补肾以收耗散之精气。缩瞳药中磁石配五味子力强；祛风药中，荆芥、细辛合用尤佳。

宅心仁厚　语重心长话保健

韦玉英曾说，他们父女一生行医，所做的事其实只有两件。一是为已病之人治病，让他们早日康复；二是宣传“治未病”的中华古训，让大家掌握健身、护眼、防病的知识和方法。医者，仁术也。怀有仁术的仁医所希望的不是病人多，而是通过医学手段让人们少得病，不得病，享受健康人生。在韦玉英的遗作中有一篇关于眼睛保健的文章，情真意切，语重心长，现摘要在此。

第一，七情调和。韦玉英说，七情悲喜是人人都有的感情，但不可使之过。积郁可以为病，过悲过喜也易伤神损体。心情舒畅，性格开朗，可使气机畅达，气血平和，双目濡养充足，则自然不病或少病。倘若心有不顺便大怒、大恐，则容易伤及内脏，尤其易于伤肝。肝主目，故易使眼目致病。《医宗金鉴·眼科心法要诀》中说："内障之病皆因七情过伤。过喜伤心，过怒伤肝，过忧伤肺，过思伤脾，过悲伤心，过恐伤肾，过惊伤胆。脏腑内损，精气不上注于目。"当然眼睛就要得病了。"七情之来耶，薄以待之，其去也速，则九窍俱生也。"(《目经大成》) 可见，以淡泊之胸怀，坦然面对过激之七情，不仅是养生之道，也是护眼之法。

第二，劳逸适度。活动、运动、劳动可以促进血液流通，使关节疏利，气机调畅，增强机体抗病的能力，这是常识，谁都知道，但难在坚持。不健康的活动和过度的劳作可以损气亏血，伤精耗神，也可以使眼目染病。如暗光下读书、刺绣、雕刻，久则伤血耗精，常会得视近怯远之症。房劳过度，可以耗损肾精，使真元亏损，也可伤及双眼。相反，好逸恶劳，无所事事，则可使人倦怠懒惰，纳谷难消，使气血流通缓滞。久则目失后天所养，自然也会生病。华佗说：“人体欲得劳动，但不当使极耳。动摇则谷气得消，血脉流通，病不能生。辟犹户枢，终不朽也。”千年前古人已知劳动健身之理，今人更当自勉自警，以运动养护健康。

第三，饮食有节。韦玉英常说，当今之世美食盈厨，但不可过纵口福。饮品万千，但切勿贪杯。尤其是烟与酒，伤人尤甚。烟酒为辛热刺激之物，可助火上炎，贻害双目最烈。临床多有因烟酒无度而致盲者，不可不防。饮食调理要由身体状况而定。若有外眼热病或素体阳盛，则应忌食辛辣姜蒜等刺激性食物，更不可妄食参茸大补之品，否则会使旧疾复发或诱发他症。眼睛保健还应注重调理脾胃。小儿脏腑稚嫩，消化力弱；老人真气渐衰，五脏功能不强。故老幼者，除依方用药外，平时饮食一定要顾护脾胃。要提倡饮食多样，荤素适当，食勿过饱，饮不过量，三餐守时，讲究营养，多吃蔬果杂粮之食，少食煎炸烧烤之品。稀粥可以健脾、养胃、益精气，是老幼眼病患者的食疗上品，多食有利于眼病的康复。

第四，谨防外伤。眼睛是灵动娇嫩之物，除上述之滋养护补外，还要谨防外物的伤害。尤其是婴幼儿童，稚嫩无知，遇事不知利害深浅，在游戏玩耍或燃放鞭炮之时常易被外物所伤，轻者疼痛肿胀，恸哭呼号，重则流血伤睛，甚至致盲，造成终生残疾。为家长者，育儿不可不慎，引导不可不详也。

韦玉英及其父韦文贵一生专于眼疾，对儿童眼病尤为关注。宅心仁厚，父女同德，祛病保健，术专情浓，谆谆告诫，语重心长者也。

韦文贵、韦玉英父女，继承祖业，适逢盛世。他们施才智于医术，献爱心于病人，从金针拨障之妙手，到内外眼病之治则，毕平生之力，呕心沥血，鞠躬尽瘁，为中医眼科学术的发展创新作出了历史性的贡献，可敬可贺。他们虽已辞世，但功勋永驻，事业长存。

（撰稿人　韦企平　吴鲁华）

《中华中医昆仑》丛书150位医家名录

（按生年排序）

张锡纯	丁甘仁	萧龙友	王朴诚	恽铁樵
曹炳章	冉雪峰	谢　观	施今墨	汪逢春
孔伯华	黄竹斋	吴佩衡	蒲辅周	陈邦贤
李翰卿	李斯炽	姚国美	陆渊雷	张泽生
时逸人	张梦侬	叶橘泉	王聘贤	陈慎吾
邹云翔	赵炳南	承淡安	余无言	刘惠民
岳美中	沈仲圭	秦伯未	赵锡武	韦文贵
程门雪	黄文东	赵心波	董廷瑶	吴考槃
章次公	石筱山	陆南山	张赞臣	李聪甫
刘绍武	陈存仁	朱仁康	陆瘦燕	姜春华
韩百灵	高仲山	李克绍	王鹏飞	刘春圃
金寿山	哈荔田	何世英	周凤梧	干祖望
关幼波	王为兰	任应秋	罗元恺	祝谌予
杨医亚	郭士魁	何时希	耿鉴庭	俞慎初

裘沛然	顾伯华	江育仁	邓铁涛	门纯德
刘渡舟	尚天裕	朱良春	李玉奇	程士德
尚志钧	赵绍琴	董建华	米伯让	李辅仁
张珍玉	班秀文	颜正华	于已百	颜德馨
路志正	方药中	王乐匋	黄星垣	谢海洲
余桂清	何　任	王子瑜	程莘农	陈彤云
焦树德	张作舟	张　琪	李寿山	张镜人
王绵之	方和谦	印会河	王玉川	蔡小荪
李振华	马继兴	王嘉麟	宋祚民	刘弼臣
王雪苔	刘志明	吴咸中	李今庸	任继学
裴学义	王宝恩	周霭祥	贺普仁	唐由之
赵冠英	许润三	金世元	陆广莘	刘柏龄
徐景藩	吉良晨	吴定寰	沈自尹	王孝涛
张灿玾	周仲瑛	强巴赤列	张代钊	李经纬
郭维淮	柴松岩	苏荣扎布	陈可冀	李济仁
夏桂成	郭子光	巴黑·玉素甫	张学文	陈介甫